A mi Padre Espiritual, Uno y Trino, que me guía, me sustenta, y del cual provengo.

A mi Hija María Pía, que Ilumina mis días con su Gran Amor.

A mi Madre Graciela Guillermina Flores Salazar, pues le debo tanto Amor, y mi vida.

A mi Querida Mentora Ingrid Sandra Aguirre Rodríguez, que me dio el Impulso para Escribir estos Cuentos Enfocados en la Salud Mental, siendo el presente El Primero de ellos.

María Pía y el Planeta depresión.
Ángela María Pinargote Flores

Segunda edición: 2023

Ilustrador: Darwin Parra O.

Impreso:

ISBN:

Guayaquil, Ecuador
2019

Todos los derechos reservados

Ninguna parte de este libro, incluido su diseño, puede ser reproducida, de manera alguna, sin la autorización expresa de la autora, excepto en el caso de breves citaciones en artículos, con la respectiva bibliografía de la autora.

Hace muchos, muchos años, en una distante galaxia, de alguna parte del gran universo, habían varios planetas; pero sólo uno estaba habitado, era el Planeta Depresión.

Su primer habitante, un día, sintiéndose muy, muy triste, decidió ponerle ese nombre tan peculiar; en donde, las siguientes generaciones, que allí nacieron, lo aceptaron como algo normal.

Nunca alguien preguntó, si ese nombre era definitivo, o si podían cambiarlo por alguno mejor. Y así pasaron los días, los meses, los años, los siglos, y todas las personas que nacían allí, sin darse cuenta, pensaban que estar triste era normal, que estaba bien, y que eso justamente pasaba porque ellos, eran habitantes del planeta depresión.

En este planeta, a pesar de la tristeza y el llanto; la tecnología avanzaba a un ritmo normal, y habían logrado incluso, tomar contacto, con otras galaxias, habían encontrado planetas habitados por allí, y por allá.

Bueno, retomando nuestra historia, los días transcurrían con tranquilidad en el Planeta Depresión, la gente lloraba de vez en cuando, unas pocas lágrimas; y en días, que consideraban buenos, lloraban en gran cantidad.

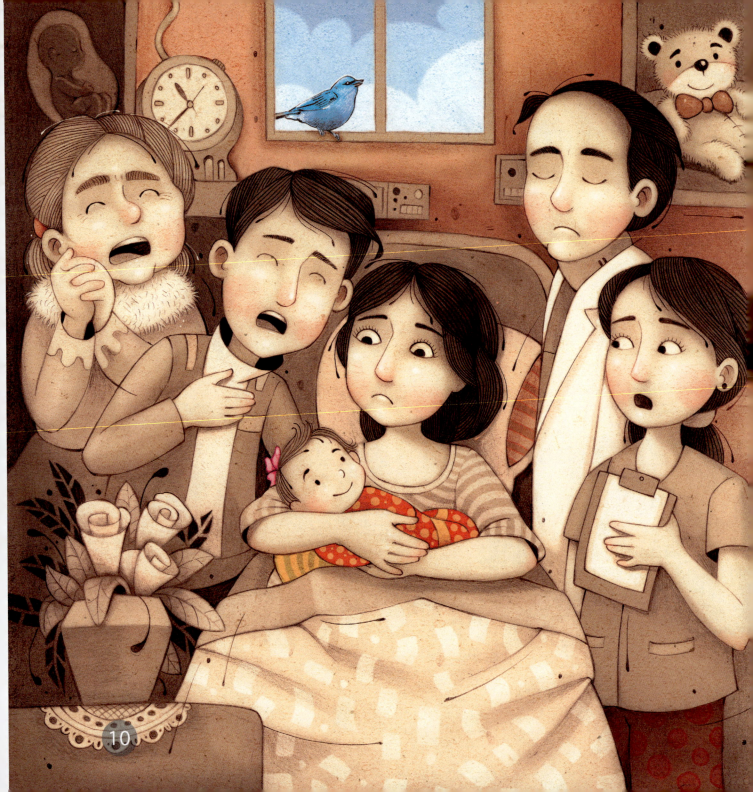

Un día, una pareja de esposos, tuvo una hermosa bebé, lloraron desde el principio, como era la tradición. Lloraron al enterarse, del embarazo de la mamá, lloraron en la fiesta de bienvenida de la bebé, y lloraron el día en que la mamá tuvo que correr al hospital, porque había llegado la hora.

Luego de 3 horas, intensas de llanto, en que lloraron todos: el papá, la mamá, los abuelos, los tíos, las enfermeras, el doctor, y hasta los que hacían la limpieza en el hospital, nació la bebé, a la que pusieron por nombre María Pía.

El día en que María Pía nació, pasaron eventos muy extraños, un pajarito cantó, el cielo se despejó, y lo más raro de todo, María Pía sonrió, el médico se asustó, porque eso no era normal, en el Planeta Depresión. María Pía pasó 5 días en observación, hasta que se convencieron, de que todo andaba mejor.

María Pía, creció y creció, mientras sus padres lloraban de tristeza; lloraron al ver como aprendía a comer por sí sola, lloraron la primera vez que caminó, y lloraron cuando le tocó ingresar a la escuela. Ella, cuando cumplió sus 5 años, era la mayor tristeza de ese hogar, lo cual era bueno, así pensaban los habitantes del Planeta Depresión.

A la edad de 7 años, María Pía, era una niña grande y fuerte, cada día hablaba mejor, y preguntaba lo que necesitaba saber, porque siempre le gustó entender el funcionamiento de todo.

Desde un principio, y al pasar los años, sus padres se dieron cuenta, de que María Pía era diferente a los demás, no entendían lo que le pasaba, pues casi todos los días, se ponía a reír, por cosas que ellos consideraban rutinarias.

Sus padres, desde pequeña, la corregían diciéndole, que lo mejor era llorar, pero ella los desobedecía, parecía que estar triste, nunca lo iba a lograr. Y aunque, en la escuela, se dio cuenta de la importancia de no mostrar su risa, por ahí se le salía de cuando en cuando, por cosas que le causaban felicidad, como jugar.

A María Pía le gustaba correr y saltar.

A pesar de que no era bien vista, la actitud feliz de María Pía; en el Planeta Depresión, no habían persecuciones a los que no eran igual, porque todas las personas pasaban muy ocupadas, pensando en sus propios asuntos tristes, que nunca querían mejorar.

A la edad de 10 años, María Pía pudo conocer el antiguo observatorio espacial de su colegio, en el cual había un gigantesco telescopio, pero lo más interesante, eran los equipos viejos de comunicación, que alguna vez habían sido usados para contactarse con habitantes del mundo exterior, de otros planetas pertenecientes a otras galaxias.

María Pía, había escuchado algunos rumores de que, en un planeta distante, vivía un sólo habitante, que era un solitario empedernido, o si lo ponemos más sencillo, a este habitante le gustaba estar solo, pero a pesar de todo, era muy, pero muy feliz.

Pero ¿qué era esto de la felicidad? se preguntaba María Pía, pues todo su pensum académico; o sea, todas las asignaturas que le daban en la escuela, estaban enfocadas en cómo conseguir la más delicada, y refinada tristeza, en el día con día.

Ahora, sobre este habitante solitario, se decía que estaba acostumbrado a platicar con las estrellas, era muy inteligente, ya tenía inventados, hace años, sus propios equipos de comunicación interespacial, logrando ponerse en contacto con los otros planetas alrededor, y logrando ganar mucho conocimiento y también sabiduría, hasta el punto que, habitantes de los planetas circundantes, buscaban su guía.

Con las coordenadas adecuadas, María Pía, apuntó los radares más viejos, que uno se pudiera imaginar, hacia la galaxia, y hacia el planeta del habitante solitario. Tenía tanta curiosidad. Al cabo de algunos minutos, 18 en total, logró escuchar una respuesta: -holaaa... holaaaa... yo aquí, ¿quién allá?... (parecía que el habitante solitario, había estado preparado para que se realizara el contacto con cualquiera que lo buscara para hablar).

Y desde el antiguo observatorio escolar, se escuchó: -hola, me llamo María Pía y soy del Planeta Depresión, tengo 10 años. ¿Eres el habitante que vive solo, y es muy feliz?

-oh vaya, niña. Vivo solo, mmm, es verdad... y soy muy feliz, es otra gran verdad... así que, creo sí soy yo... jajaja... ¿en qué te puedo ayudar?

-Gracias. Tengo algunas preguntas, que en mi planeta, los adultos, no me han podido responder. ¿qué es la felicidad? ¿y por qué donde vivo se llama "Planeta Depresión"? ¿por qué todos quieren estar tristes siempre aquí? me podrías ayudar a entenderlo, por favor, muchas gracias.

-Bueno, mi pequeña niña. La felicidad es todo aquello que te hace sentir muy bien, es un cosquilleo, una genial sensación, que empieza en la cabeza, baja hasta la barriga, pasando por el corazón. Cuando es intensa, se produce una risa fuerte llamada carcajada, que es muy genial, lo puedo asegurar... pero bueno, déjame contarte, que así como tú naciste en el Planeta Depresión, otros nacieron en el Planeta de la Ira, otros en el Planeta Egoísmo, otros en el Planeta Envidia, y podría seguir por mucho, mucho tiempo, pero es muy cansoso, en verdad. Jajajaja... y la única manera, de saber porqué se llama así, está en los libros de historia de tu propio planeta.

Guardando un minuto de silencio. El habitante solitario, continuó:

-Mmm... lo que sí te puedo adelantar es que, de cuando en cuando, en cada lugar del universo, nacen niños como tú, diferentes a los demás. Pero, aunque no lo creas, no te sientas sola. La sabiduría, que los años me han otorgado, en el contacto con tantos, y tantos planetas, me dice que en tu planeta, de seguro hay más gente como tú, algunos niños, y tal vez, otros ya adultos, que saben igual que tú, lo bueno que es sentirse felices; pero se han acostumbrado al lugar que los rodea.

Así que, mi pequeña María Pía, busca en la biblioteca, y también busca a los otros habitantes de tu planeta que son como tú, allí encontrarás, las respuestas que estás buscando, y podrás ayudar a los demás.

María Pía le agradeció mucho a su nuevo amigo interplanetario, y se dio cuenta del gran problema que pasaba en su planeta, y que alguien tenía que resolver. Por algunos días estuvo leyendo, e investigando, en la biblioteca, hasta que al fin lo encontró, el inicio de todo, el primer habitante muy triste que le dio el nombre, y como se describía que las siguientes generaciones, habían aceptado que estar triste, era normal.

Ese día, María Pía se sintió decidida a cambiarlo todo, y empezó por su papá y su mamá.

-Mamá, papá, necesito hablar con ustedes, pero me tienen que escuchar.

-¿Qué sucede, María Pía? preguntó la mamá, mientras el papá la miraba atentamente.

-Lo descubrí, nuestro planeta no debería llamarse depresión. Sólo porque alguien, un día, estuvo triste, y fue el primero en habitarlo, no es un buen motivo, yo soy feliz mamá, papá, y los amo, pero no me gusta verlos llorar siempre, ni que ambos estén siempre tristes.

Los padres de María Pía, abrieron mucho los ojos, no sabían qué decir, porque la amaban, y nunca habían pensado sobre un tema tan complicado para ellos, que estaban acostumbrados a la vida gris del Planeta Depresión. Y María Pía siguió hablando:

-¿Recuerdan el día en que nací? ese día ustedes lloraron, como es la tradición, pero yo quiero preguntarles, si el que yo naciera, ¿les hizo sentir felicidad?, piénsenlo mucho primero, antes de responder, por favor mamá, por favor papá...

Sus padres se miraron profundamente, y en verdad pensaron por mucho tiempo su respuesta, casi 20 minutos tardaron, pero al final habló el papá:

-Pues, si soy sincero, aunque todavía creo que está mal decirlo, me sentí muy feliz afuera esperándote, y más feliz al verte por primera vez, mi amada María Pía. Ese fue un llanto diferente a los demás, lloraba, pero estaba muy feliz, eso me confundió mucho, y preferí hacer, como si nada distinto, hubiera ocurrido.

Luego la mamá habló:

-Yo te amo mucho mi pequeña, cada vez que te veo, siento un cosquilleo, una genial sensación, que empieza en la cabeza, baja hasta la barriga, pasando por el corazón. Y debo detener una sonrisa, que se me quiere escapar de la boca.

María Pía saltó de alegría, y dijo:

-Mamá, eso es la felicidad, los amo mucho a los dos. Y soy muy feliz de que sean mis padres.

En ese momento, María Pía, los abrazó y rieron con mucho alivio, pero sus padres se asustaron, porque nunca habían reído, se detuvieron; pero casi al instante, se volvieron a reír.
Se sentía muy bueno el ser feliz.

Luego de eso, la familia de María Pía, puso en casa, un punto de información donde promovían la felicidad. Ellos daban folletos que hablaban sobre ¿qué eran las lágrimas de felicidad?, y porqué eran diferentes de las lágrimas de tristeza; hablaba el folleto, del cosquilleo al reír y sonreír, y de lo bueno de vivir con alegría.

Un día, la familia de María Pía se asustó, el presidente del Planeta Depresión, se había enterado del stand de información, y fue a visitarlos con su comitiva. María Pía fue valiente, ella sabía que estaban yendo en contra de las costumbres ancestrales, de llorar por todo, y promover la tristeza y la depresión. Pero algo raro sucedió, el presidente tomó un folleto, lo leyó completo, y mientras lo hacía, se armó un estremecedor silencio, luego del cual, dijo en voz alta:

-Rayos! así que esto es lo que me pasó por años, y no lo podía entender... esa sensación, ese cosquilleo, que me daba de vez en cuando, y yo que pensaba que estaba muy enfermo. Se ha llamado felicidad.

Y María Pía recordó, las palabras del habitante solitario, y vio en el presidente del Planeta Depresión, a alguien que era como ella, y se sintió muy feliz. A partir de ese momento, el presidente proclamó una ley para que la felicidad se diera a conocer en todo el planeta; que incluso los noticieros, y programas de tv, contaran eventos felices, y ya no se diera tanta importancia a tanta, y tanta, noticia triste. Lo más importante fue, que el presidente proclamó otra ley, para poder cambiar el nombre del planeta, el cual se llamó, a partir de ese momento, el Planeta Felicidad, un nombre puesto en honor a una valiente niña, que lo cambió todo con su curiosidad, su fe en lo que creía correcto, y el amor de su corazón, que le hizo compartir tan saludable sentimiento.

Y los habitantes del Planeta Felicidad, haciendo honor a su nuevo nombre, vivieron felices para siempre, con pocos días tristes, porque allí, en serio, reinaba la felicidad.

Made in the USA
Middletown, DE
01 May 2024